NegaFyah

FYAH: DO ÓDIO AO AMOR

malê

Copyright © Fabiana Lima
Todos os direitos reservados.

Este livro segue as normas do Acordo Ortográfico da
Língua Portuguesa de 1990, adotado no Brasil em 2009.

PREPARAÇÃO **NegaFyah e Nayri**
CONSELHEIRA EDITORIAL **Milena Britto**
PROJETO GRÁFICO E DIAGRAMAÇÃO **Sofia Canário**
ILUSTRAÇÃO **Mayara Ferrão e Sofia Canário**
REVISÃO **Ayala Tude**
FOTOGRAFIA **Lane Silva**

1ª Edição – 12/2024

Dados Internacionais de Catalogação na Publicação (CIP)

Vagner Amaro – Bibliotecário - CRB-7/5224

N384f	NegaFyah Fyah: do ódio ao amor / NegaFyah. — 1. ed. — Rio de Janeiro: Malê, 2024. 128 p. il. color. ISBN 978-65-85893-31-2 4. Poesia brasileira I. Título. CDD B869.1

Índices para catálogo sistemático: 1. Poesia brasileira B869.1

Editora Malê
Rua Acre, 83, sala 202, Centro. Rio de Janeiro (RJ)
www.editoramale.com.br
contato@editoramale.com.br

O livro "Fyah do Ódio ao Amor" é resultado do trabalho de mentoria e apoio para iniciativas culturais, como parte do Programa Boca de Brasa de Aceleração de Iniciativas Culturais e Criativas, por meio do termo firmado entre a Fundação Gregório de Mattos, Secretaria Municipal de Cultura e Turismo, Secretaria Municipal de Desenvolvimento, Emprego e Renda, Prefeitura Municipal de Salvador, e a Associação Conexões Criativas, através dos recursos do Edital Polos Criativos Boca de Brasa.

SUMÁRIO

6	**AGRADECIMENTOS**
10	**APRESENTAÇÃO**
14	**PARTE I: DO ÓDIO**
17	Diáspora
21	Convocação
23	Achada
24	O racismo mata
28	Brasil Genocida
31	Cracia-demo
33	Quem és, humano?
36	Negrômetro
38	Nada mudou
42	Descendente de Zumbi e Dandara
43	Salva-dor
45	Rafael da Silva Lima!
48	Sobrevivente
49	Meu corpo
51	Libertai
52	Solidão da mulher preta
55	Afirmativa
56	Memória
57	Orí
58	Curativo

60	**PARTE II: AO AMOR**
63	Cor(poesia)
64	Didê
65	Renascimento
68	Divina casa das águas salgadas
69	Família
70	Dias sem fim
71	Ninha no plural
72	Niyan
73	Fronteiras
75	Fera ferida
76	Retintas
77	Ébano
78	Feitiço
80	Frenesi
81	Negro
82	Última vez
84	Xãoipa
86	Gota
87	Sensível
88	Seu toque
89	Love is a losing game
90	Seu sabor
91	Abelha
92	Tempo
93	Estações
94	Fyah

98 **PARTE III: DO ÓDIO AO AMOR (CONTOS)**

101 A Morte de VT

104 Ticy

113 Axum

122 **SOBRE A AUTORA**

AGRADECIMENTOS

O livro *Fyah: Do Ódio ao Amor* é construído por várias mãos, várias vozes que se fazem presentes hoje e para sempre. Ele é a materialização do legado de muitas pessoas, de um povo, de uma luta e histórias, que atravessa o tempo e se expande entre gerações. Ao vê-lo concretizado, não posso deixar de agradecer à minha ancestralidade, que é a força que me impulsiona e me orienta.

Sou filha de Yemonjá com Obaluayê, iniciada pelas mãos de Ajusum, acalentada no colo por Xangô e Obá. Sem eles, com toda certeza, eu não teria chegado até aqui. São meus alicerces, minha âncora, a base de tudo o que sou. Trago essa herança a cada palavra escrita, a cada pensamento refletido, a cada passo dado em minha vida e jornada como escritora. Eles estão presentes em meu primeiro e grande livro editado.

Sou NegaFyah, uma mulher preta cercada e criada por tantas mulheres pretas que, com sua força, coragem e sabedoria, me ensinaram o que é viver com dignidade e resistência. Iranildes, minha mãe, minha grande mãe, a mulher que me pariu e me colocou no mundo, foi quem me ensinou a ser forte para lutar e sobreviver em uma sociedade que, muitas vezes, se mostra hostil a nós, mulheres negras. Às minhas avós, Iraci e Helenita, mulheres pretas retintas com mais de 70 anos, que ainda carregam a beleza de uma pele sedosa e brilhante, e que têm mentes afiadas e uma perseverança inabalável, devo o aprendizado do amor, da garra e da resistência a elas, agradeço por me transmitirem a força e o carinho necessários para que eu chegasse até aqui, para entregar este livro ao mundo.

Às minhas Yalorixás Talaybi e Dakoronifà: Talaybi, que já se foi, mas antes de partir para o Orum, me orientou no caminho da intelectualidade e me ensinou a amar a sabedoria ancestral. Sei que ela está feliz, acompanhando a trajetória da sua filha caçula, agora escritora e Dakoronifá, que hoje continua o legado a me guiar com sabedoria, me mostra o que é ser uma líder comunitária, me ensina o significado profundo do cuidado com o coletivo e o poder transformador do afeto.

Eu sou feita por mulheres, para mulheres. Sou o reflexo de tantas que vieram antes de mim, das minhas amigas que são referências, das escritoras que pavimentaram o caminho e das mulheres que têm se tornado cada vez mais visíveis em suas lutas e conquistas. Agradeço também às minhas fãs, que escutam minha voz, que apoiam meu trabalho e que, de alguma forma, me inspiram a continuar.

Este livro é para todos, mas, em especial, para as mulheres pretas que me cercam e me apoiam. A vocês, que me alimentam com amor, força e confiança, dedico cada palavra, cada capítulo, cada página.

Que este livro seja mais uma ferramenta de afirmação e empoderamento, que o ódio seja transformador e, ao final, todos sintam o poder do amor que aqui se entrega.

Obrigada, de todo coração. Que vocês apreciem o ódio, mas permaneçam e sintam o amor.

NEGAFYAH

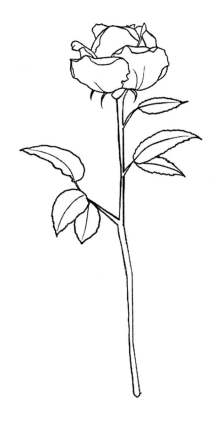

APRESENTAÇÃO

Quando vi pela primeira vez NegaFyah performar um poema, algo se acendeu dentro de mim. A presença dela criava uma espécie de princípio de incêndio, uma catarse que eu dificilmente poderia descrever em palavras. Quem já esteve diante dessa poeta e multiartista sabe bem do que estou falando, porque também já teve o corpo atravessado pela potência de sua poética. Essa é, sem dúvidas, uma daquelas experiências que ficam marcadas na memória de uma pessoa — e que, por mais que o tempo passe, segue produzindo efeitos que não podemos calcular.

A leitura de *Fyah: Do Ódio ao Amor* me fez retornar a esta lembrança porque, de uma forma ou de outra, encontramos neste livro de poemas e contos a visceralidade que atravessa as performances de NegaFyah, elaborando traduções possíveis para nossas vivências e emoções. Me coloco aqui no desafio de apresentar esta obra e, mais do que isso, falar junto com a autora, uma das vozes mais importantes da Literatura Brasileira na atualidade. Com o máximo respeito, peço licença para entrar nestas páginas.

A poesia, como disse Audre Lorde, é uma necessidade vital, um tipo de iluminação por meio da qual conseguimos nomear o que ainda não tem nome e vislumbrar horizontes de esperança. Sobretudo para nós, mulheres negras, a poesia tem sido, ao mesmo tempo, terreno de guerra e de cura, pois a temos usado como arma contra tudo aquilo que nos violenta e como ferramenta de construção de outros mundos possíveis.

Essa ideia aparece em poemas como *Convocação*, quando NegaFyah nos intima a utilizar a palavra na luta pela vida e pela liberdade, e *Renascimento*, em que o encontro com a ancestralidade (re)constitui a vida para além das experiências de violência sofridas pelos corpos negros no Brasil. Por outro lado, enquanto *Descendente de Zumbi e Dandara* é marcado pela declaração de uma mulher dita guerreira e injuriada, *Sensível* revela um sentimento de outra ordem, marcado pelo desejo de comunhão com alguém que seja capaz de tocar não só a carne, mas a alma.

Essas duas faces da palavra delineiam os contornos deste livro, que nos apresenta uma outra fase da escritora. Amplamente conhecida pelos poemas e performances de combate, NegaFyah segue um caminho novo entre o ódio e o amor, como já anuncia o título da obra, refletindo em seus poemas a complexidade desses dois sentimentos, que aqui parecem se desenvolver como opostos complementares. Enquanto o ódio aparece como desejo de destruição do mundo como ele é (racista, machista, classista, LGBTfóbico, etc.), o amor surge para reconstruir, transformando-o em um mundo outro. Assim, mais do que a resistência, esta obra elabora formas de (re)existência a partir de uma linguagem literária negro-periférica, na qual estética e política estão profundamente entrelaçadas, como no poema *Memória*:

> *Eu trago a palavra Atlântico*
> *no corpo, carrego terra*
> *em meu Orí, um oceano.*

A passagem da voz para a escrita neste livro exige de nós, pessoas leitoras, uma outra imaginação. No papel, imprimem-se os ritmos, a língua pretuguesa de que nos falou Lélia Gonzalez e os jogos de palavras transpostos da fala. Nos contos *A Morte de VT*, *Ticy* e *Axum*, somos levados pela linguagem a adentrar o cotidiano e os afetos das quebradas de uma maneira íntima. Alguns dos poemas aqui presentes já são conhecidos por quem acompanha o movimento dos slams e dos saraus nas periferias; outros ainda aguardam correr de ouvido em ouvido por meio das performances de Fyah. Há fúria, violência, calmaria, sensualidade, ternura. Todas essas textualidades parecem pedir que leiamos em voz alta, que nos envolvamos na lírica, que misturemos, de alguma forma, nossas vozes à voz da poeta e de suas personagens, nosso corpo-terra ao corpo do livro.

Ao finalizar a leitura de *Fyah: Do Ódio ao Amor*, fica a sensação de que este livro não termina. As palavras de NegaFyah seguem reverberando, ecoando o pulsar de vozes negras, a combinação de afetos, resistências e esperanças. Elas nos convocam a olhar para fora e para dentro com outras lentes, enxergando o mundo com olhos de quem sonha e luta, de quem ama e resiste. Do ódio ao amor, a palavra deixa de ser só palavra para se transformar em gesto, arma, em pulsão de vida.

AMANDA JULIETA
escritora e pesquisadora literária

PARTE I

Do Ódio

DIÁSPORA

Mantenha sua postura,
sua raiz
e nunca esqueça
na diáspora,
em todo universo
que você é
        Preto
que você é
        Preta.

Mantenha sua postura,
sua raiz
e nunca esqueça
na diáspora,
em todo universo
que você é
Preto
que você é
Preta.

Na rua
eu vejo poucas
vocês são tudo de boca
em Judas e Barrabás
é tiro à queima roupa;
pelo Preto no poder
pelo poder ao povo Preto!
Jovem periférica
diretamente do gueto.

Sempre na ativa
sativa que cativa,
mandinga e baratino
já é nossa rotina.

Se pega na aspirina
ou na cocaína,
quer ser super-herói,
acaba como coringa.

Movimente sua quebrada
com ação comunitária,
autonomia do seu povo
é o que te torna visionária.

Me lembro de Asata,
guerreira refugiada,

Preta, linha de frente
nessa guerra declarada.

Militância, esforço, disciplina
nesse movimento
eu ainda sou menina!
Respeito os griôs
e suas pedagogingas.
Preferi beber da fonte,
água cristalina!

Vocês,
vocês falam que NegaFyah se acha demais!

Babilônia Salcity,
onde poeta marginal
vive no limite.
Não teste!
As Pretas são pra frente na rima que escrevem.

Nordeste!
Desacreditaram...

Selva de pedra
dois mil e dezesseis mostrei que estava no jogo
e fui para jogar à vera.

Peça clemência,
são muitos anos sendo resistência.
Do churrasquinho ao picolé, vários venenos
eu já fui um zé.
Eu sou um zé,
um zero à direita.

Levada venenosa violenta
nós tem pra trocar com os racistas,
pisar na cabeça dos racistas do Marista.

Podem ter certeza
que de hoje em diante
vocês terão medo de buceta Preta.

Mais que teoria,
nós é prática,
poesia marginal que arrebata até sua alma.

KKK uma desgraça!
KKK uma desgraça!

Eu quero ver vocês acharem graça
quando corpos brancos
aparecerem pendurados na Barra.

CONVOCAÇÃO

Eu sou *a carne mais barata do mercado...*

...e você também é!

Eu os convoco para esta *guerra não declarada*.

Vamos usar as nossas armas:

a PALAVRA!

Sim!

E se for preciso, pegaremos em armas.

Nossos irmãos já morrem por nada,
desta vez, morreremos por uma causa,
que é a luta pela vida, a luta pela liberdade.

Já dizia Malcolm X:
"Não se pode separar paz de liberdade,
porque ninguém consegue estar em paz
ao menos que tenha liberdade."

                        E você tem essa liberdade, Preto?
                                      Claro que não!
                    Saia na madruga e arrisque a sua vida.
                                Só por ser negro,
                você não pode usar a roupa que quiser
                    pois pode ser considerado suspeito.

Então, "reaja ou será morto;
reaja ou será morta!"

              Eu os convoco para essa guerra não declarada
                            em busca da nossa liberdade
                  que já passou da hora de ser conquistada.

ACHADA

Se uma bala

                                          perdida

Encontraomeucorpo,
não foi porque
eu a procurei.

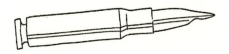

O RACISMO MATA

Autorizados para matar,
pelo estado legitimado,
invadem os barracos
com preconceitos fardados.

Impulsionados pela tevê
que é do deputado
e tem o amém
de quem vive em condomínios fechados.

Me digam como é que chega
a arma na comunidade,
a munição, o colete,
a cocaína e o crack?

Quem financia?
Quem autoriza?
Quem tá na pista?
Quem tá na brisa?

Se perguntaram por que branco de classe média
quando aparece traficando:
"É só jovem de classe média e usuário..."

Tipo, nós, assim da comunidade,
Somos estampados: TRAFICANTE!
Eu sei, a mídia é covarde.

Disparos propositais,
versões oficiais,
em números reais,
os endereços são iguais
no fundo os reais
a elite lucra mais
com a mãe Preta
e não com a paz.

O racismo mata!
O racismo mata!

Pena de morte no Brasil
já vem sendo aplicada,
seja em plena luz do dia
ou de madrugada
invadindo as quebradas,
descarregando as suas armas.
O chefe do esquadrão da morte
diz que foi goleada.

Encurralaram, meteram bala,
julgaram pela aparência,

nos registros alegaram:
Auto de resistência!

Jovem negros mortos por arma de fogo triplicam,
enquanto os brancos caem um terço,
me explica!?

Associa o tráfico a gangues rivais
e desse jeito trágico, mais um que se vai,
e mesmo viva,
a mãe também vai
a lembrança é um fantasma
que não se esvai.

O que foi que eu fiz?
Por que atiraram em mim?
Cadê Davi?
Cadê Davi?

Parem de atirar em nós!
Parem de atirar em nós!

Eu sou a mulher que vem do gueto
E recito em uma só voz...

Porcos fardados que entram na favela e nos matam,
menino favelado, morto na calada.

Bala acerta corpo Preto
dilacerando a família
sem o menor direito.

Eles são uma quadrilha!
Encarceram nossa população,
nos tratam como bicho
desde a escravidão.

Para eles nunca tivemos alma,
Mas viemos de África,
poder na ancestralidade,
nós viemos de África!

Mesmo que o Estado grite gol
a cada corpo no canal,
nós seremos a resistência marginal!

O racismo mata!

Composição de NegaFyah,
Jasf, Edson e Bobo

BRASIL GENOCIDA

Racistas!
Querem meu corpo para estudo.
Racistas!
Só visam o lucro.

E eu ainda estou em busca
da minha humanidade
eu tô na luta
para não perder minha sanidade
os Pretos em diáspora
aqui nesta cidade,
rebelião é a saída sem piedade.

E eu ainda estou em busca
da minha humanidade
eu tô na luta
para não perder minha sanidade
os Pretos em diáspora
aqui nesta cidade,
rebelião é a saída sem piedade.

Vocês não sabem de nada,
vocês nem enxergam o tamanho da desgraça!

Violência obstétrica para uma só raça,
enfermeira que nem te reconhece como humana
e te culpabiliza pela causa!

Médico que tira vida
para ser menos um na massa!
Médico que mata vida
pela quantidade de melanina.

Sem perdão,
mulheres que abortam sofrem tortura psicológica,
lógica, do estado cristão.

Pretas, preteridas, feminicídio,
menos uma na lista:
Helen Moreira.

Pretas, preteridas, feminicídio,
menos uma na lista:
Cláudia! Arrastada.
Vocês não sabem de nada!

Pornografia incentivada,
crianças parindo mão de obra barata!

Necropolítica para Preto e pobre.
Cuidado!

Você pode ser o próximo da lista.

Observe as várias formas de genocídio:
hospitalar,
alimentar,
oito horas esperando atendimento
e eles te matam devagar.

Fala isso para os indígenas
que tiveram suas mãos decepadas,
sua cabeça degolada pelo agro genocídio.

Canibalismo!

Cadê o deus de vocês
que há 500 anos não está vendo isso?

Vocês não sabem de nada,
vocês nem enxergam o tamanho da desgraça
chamada Brasil.

Racistas!

CRACIA-DEMO

Sociedade, Estado e público.
Democracia, artigo de luxo!
Genocida em pleno vigor.
Bem-vinde ao século 21!
Dois mil e vinte um, ano de horror!

"Tudo igual"
Que nada!
Gestão pública
não é gestão privada!

Cracia-demo jogada em uma privada.
Privados de liberdade,
Preto e pobre já nascem cancelados nesta sociedade.

Eu peço a benção aos meus ancestrais,
às mulheres reais!

Que lavam o ódio,
o rancor,
nos dão proteção
e amor!

Somos um povo de resistência
fincados na dissidência.
Rompendo barreiras, travando lutas
multidisciplinar,
na luta pelo bem-estar,
de estar
vivos!

Com olhar de indisciplina,
reivindicamos a democracia.

Num país demagogo,
a lei do genocídio prossegue!
Sabemos quem mandou matar Marielle!

"Tudo igual!"
Que nada!
Gestão pública
não é gestão privada,
Política partidária
disputando quem mais mata.

QUEM ÉS, HUMANO?

"Somos a imagem e semelhança
do senhor Jesus Cristo",
eles disseram!

Olhamos para a imagem e não nos enxergamos.
Ele é a perfeição
representa a humanidade de uma nação.
Beleza típica, olhos azuis, pele cor de neve.
Talvez seja verdade,
ele tem a cara daqueles que possuem humanidade.
Não têm direitos negados,
corpos fuzilados
ou arrastados no asfalto.

Os animais são apontados,
algemados e trancados.
Têm olhos escuros,
pele cor da noite,
cabelo crespo
e uma história com açoite.

São séculos de luta bruta
com sentença de uma vida curta.

Engula!

Chacinas.
Pescoço pisado,
corpo baleado sobre o asfalto
até agora não vi nenhum racista sendo linchado.

Linchamento,
lembro-me das vidas que vemos violadas,
penduradas em árvores como um fruto amargo.
É secular.
Histórias de luta bruta pelo direito de votar,
de falar e não mais abaixar a cabeça.

Erga-se!

Pois existe uma coroa.
Passado, história e glória
nos antepassados desse povo negado
não esqueçam dos povos originários,
caçados e catequizados.

São séculos de luta bruta
com sentença de uma vida curta.

Eu lhes faço uma pergunta:
para quem existe a humanidade?
E vocês ainda insistem:
"Para todos!"

                        Amém!

NEGRÔMETRO

Não é sobre negrômetro.

Nunca saberão a sensação do olhar de desprezo.
Nunca saberão o que é ser um ponto preto
em meio a branquidão.

Não é sobre negrômetro.

Nunca serão culpados até que se prove o contrário.
Nunca será uma médica ou enfermeira competente.
Apenas atendente.
Entende?

Fala para mim o que você vê quando me olha
fala na minha cara que você não ignora
o racismo à sua volta.
Revolta!

Não é sobre negrômetro.

Nunca saberão o que é ter sua sanidade testada,
atacada e nunca priorizada.

Eles dizem:
"Tem que ser forte e resistente.
Levanta a cabeça, Preta."

Eu digo:
Abaixa a cabeça, Preta!
E me fala como se sente.
Chora e coloca tudo para fora,
seja fraca, vulnerável e, em alguns momentos,
libere os pensamentos que te afetam,
machucam e matam.

Mulher Preta não é só sinônimo de luta,
mas também, de luto.

Seja amor,
seja carinho,
seja lágrimas,
seja rio!

Não é sobre negrômetro e seu sinônimos,
é sobre ser negro sem ser anônimo.

NADA MUDOU

Criança de pouca idade revirando o lixo.
Horrível.
Crianças e adolescentes se tornando gestantes.
Degradante.
O governo ausente
para nossa população afrodescendente.
Conveniente.
Estrutural
genocídio da pele Preta
desde a era colonial.
Carnal?
Racista.
Classista.
Onde quem realmente curte são os turistas.

Há muita coisa a ser dita
a falta de educação encarece a nossa população
visivelmente Preta
certeza de que quem mais sofre por aqui
são as mulheres negras.

Veja!

Patriarcado.
Feminicídio.
Machismo.
Homem violentamente adquirido.
Não inato.
Otário!

Homofobia, religião,
dinheiro na mão
e na santa ceia só orgia.
Vigia!

Terreiros queimados e atacados.
Os tempos são outros, as atitudes as mesmas
Preto na subserviência
e branco no controle da existência.

Não!

Não vou dialogar com brancos
que não assumem seus privilégios
A minha discussão é com o irmão Preto
sobre conscientização.

Escuramente percebemos onde estamos,
Oitenta e seis jovens negros morrem por dia,
imaginem por ano.

Eles estão nos dizimando.
O que você faz para mudar isso?

Pois, EU, faço terrorismo
e estou calculando a fórmula
para que o branco possa provar
do seu próprio veneno.
O manifesto do povo Preto será violento.
Ah, branco, dá um tempo!
Esta conversa não é com você
mas com os meus irmãos Pretos
na busca do potencial de seu poder.

Vá se fuder
com o seu blá blá blá de democracia racial
você tolera o genocídio negro,
mas quando morre um branco
gera comoção nacional.

Nojo da sua cara tomando posse da minha cultura.
Nojo, branco!
Sua crença na meritocracia
quando já nasceu com dinheiro no bolso.
Irmãos,
com este manifesto
eu venho convocar
para que a revolução possamos conquistar

A você, branco racista,
eu só tenho uma coisa a falar:
Essa porra vai virar!

DESCENDENTE DE ZUMBI E DANDARA

Sou descendente de Zumbi e de Dandara,
sou mulher guerreira e injuriada
e venho aqui para cobrar
tudo que nos foi negado há 521 anos.

Racistas não passarão!
Racistas não passarão!

Se preparem, brancos!

Vou cobrar minha mãe
sendo estuprada nas senzalas,
nas madrugadas.
Vou cobrar meu pai
sendo jogado do navio
por tentar resistir à escravização.

Se você não escutou,
vou repetir:
sou descendente de Zumbi!
Eu vou cobrar
as mortes dos meus irmãos.

Racistas não passarão!

SALVA-DOR

Salva-dor
    que não salva
        a alma

corpos Pretos nas praças
na cidade fora de África
mais branca
que a Europa miscigenada

às margens da periferia
corredores da morte
Vitória, Graça e Ondina

na porta da sacristia
vítima reza
ave maria
o diabo de olhos azuis
se apresenta jesus
executou e comemorou

Quem salva, Salvador?

Salva a dor que não salva a alma
Salva-dor que não salva a alma
Salvador que não salva a alma!

RAFAEL DA SILVA LIMA!

Homem menino, com dezessete já foi abatido.
Pai e mãe ausentes,
ele já segurava um pesado pente.

Já experimentou todos os horrores,
em sua vida teve poucos amores!

Presenciando briga constante,
ele se tornava cada vez mais distante.

Aos treze, sua primeira ação.
Fez um assalto, deu tudo certo
aí, fudeu...
Ele já estava no crime.

Mas, antes disso, experimentou o árduo trabalho
vendendo picolé na praia,
sendo humilhado
para ter aquele dinheiro suado.

Mas o mundo capitalista é perverso, irmão!
Ele viu seus amigos ostentando
tinha que ter dinheiro

para entrar nessa tal ostentação.

Preso várias vezes.
Sua família só sentia
os desprazeres!

Preso por um período de três meses,
a família achou que ele sairia dessa vida.
Para o desespero da sua avó esforçada,
ele voltou a fazer as tal fita na madrugada.

Mas aí, amigo, no mundo do crime não existe.
Ele tinha que ficar mais que ligado.
Dezesseis de janeiro, foi fazer uma fita,
dinheiro grande.
Divisão por igual? Que nada!
Os cara cortou no aço.

Rafael da Silva Lima
morto com quatro tiros abaixo do braço.
E quem matou?
Se dizia aliado.

A notícia chega, todos desesperados.

Como avisar a sua avó?
Ela pode ter um infarto.

De repente ela sente e acorda.
Então, olha para todos calados
os rostos cheios de lágrimas,
ninguém dizia nada
ela simplesmente desmaia.

Cemitério lotado de amigos e parentes
eu me aproximo do caixão
e vejo um rosto jovem e sorridente

Vem em minha mente tudo o que passamos,
os momentos que brigamos e brincamos.
Com tudo isso, eu só tenho uma coisa a dizer:

Primo, eu te amo!

SOBREVIVENTE

Sobrevivendo neste país
que tenta me derrubar todos os dias.
Eu não fraquejo
soul resistência!
Vocês, racistas, verão meu êxito.
Pois sou muito forte.
Mulher negra,
aquela que não teme a morte!
Soul forte!
Para fortalecer as minhas irmãs
para que elas não cheguem a sofrer
pela morte dos seus filhos jovens.
Forte!
Estou sobrevivendo no país do horror.
Forte eu seguirei,
resistindo, contrariando as estatísticas outra vez.
Forte serei mais ainda
pois sou descendente de Nzinga
nobre guerreira, uma mulher linda.
Se preparem, racistas
Sobrevivendo serei mais forte e violenta,
são anos lutando e resistindo
contra esse maldito sistema.

MEU CORPO

Meu corpo
minha mente
sente, consente, mente, acredita, finge.
Querem ser livres!
Querem ser interpretados
por quem deseja ser tocada,
acariciada.

Meu corpo,
meu corpo!

Não toque sem ser convidado,
machista miserável!
Meu corpo sente medo do seu olhar perverso,
Minha mente reconhece a pessoa que me merece.

Sim!
Não por ser puta
nem santa.
Isso não quer dizer
que te dou o direito de me comer.

Meu corpo,
minha mente
sente, consente, mente, acredita, finge.

Meu corpo
quer ser livre!

LIBERTAI

Ser dona do seu corpo
fugir dos princípios moralistas
que te forçam a fazer
o que não quer.

O corpo é seu,
faça dele
o que quiser.

SOLIDÃO DA MULHER PRETA

Eu sinto a solidão da mulher Preta.
Hoje vocês vão sair com medo de buceta.

Vocês vão ter que me respeitar
quando minha poesia eu acabar de recitar!
Vocês vão ter que me respeitar
quando minha poesia eu acabar de recitar!

Mulher,
um ser que resiste e é firme.
Mulher,
quanto mais melanina tiver
maior a sua dor,
pouco se tem amor.

Tudo isso para nós é um fato!
Você sabe o que é isso?
Claro que não!
Você que sempre foi feita para casar

enquanto eu, mulher negra,
nós, mulheres negras,
servimos só para transar.

Saciar o homem branco,
e os homens negros
que também vivem a nos maltratar.

Mulher, um ser que resiste e é firme.
Mulher, quanto mais melanina tiver
maior a sua dor,
pouco se tem amor.

É o quê?
É o quê que você quer
falando sobre a solidão da mulher Preta?
Que legitimidade você tem
para falar da minha solidão?

Então, você
que sempre teve homens jogados aos seus pés
e fica pagando de vítima,
você pode até ter um cabelo encrespado,
mas a cor da sua pele
te coloca em um lugar privilegiado.

Então, não venha falar.
Você não entende o olhar de um homem
para uma mulher Preta,
só desejando transar, saciar o bel prazer.

Enquanto com você,
ele anda de mãos dadas
E no final vai assumir como namorada.

E a mim? A mim nada!
Eles me veem como nada!

Então, desgraça, largue esse vitimismo,
desse falso discurso de feminismo,
e fique na sua, porque solidão e feminicídio,
quem sofre de verdade são as mulheres como eu.
As mulheres estereotipadas
com traços marcantes de negras das senzalas.
Fique na sua e assuma seus privilégios.
Tente combatê-los, mas não me venha falar
da solidão da mulher Preta,
porque você não tem esse direito!

AFIRMATIVA

O cabelo é meu!
O corpo é meu!
Não se apoderem dele, senhores!
Ele não te pertence!
Se sou motivo de risos por conta do meu cabelo,
luto contra o machismo e o racismo,
não me calo, não me nego.

Eu, você, nós
somos mulheres negras
lindas e perfeitas.

Cada fio, cada curva,
uma história de orgulho e resistência.
Nossos corpos são nossos,
nossas vozes, um grito de liberdade
e em cada desafio enfrentado,
brilhamos a força da nossa identidade.

MEMÓRIA

Eu trago a palavra Atlântico
no corpo, carrego terra
em meu Orí, um oceano.

Sultão com sua lança, PATRONO.

Para o bem e para o mal
toda memória é
A N C E S T R A L.

ORÍ

Orixá abençõe
na encruza jaz
Legbara te livra
do mal que lhe fazem.

                              Orí de água
                              coração na terra
                              próspero caminho
                              vida longa e eterna.

CURATIVO

Tantas vezes sangrei

                    hemorragias internas

                                  cada fissura no peito

tem nome e sobrenome

costurando as feridas

                    lavando com folhas

água salgada

                    curando-me

                          na inundação.

PARTE II

Ao Amor

COR(POESIA)

Partindo-se ao meio

    sem despedaçar

        meu corpo

           memória

              trajetória

```
        E
         S
          P
           I
          R
         A
        L
         A
          R
```

DIDÊ

Ikú, ronda a terra.

Ronda-me.

Já contei pra mais de três cachorros.
Chamo por Iansã para afastar os Eguns,
Peço ao rei da terra que traga a cura.

Rogo pela Ìyá Orí que estabeleça
o equilíbrio da mente e da vida,
que a água encontre seu fluxo.

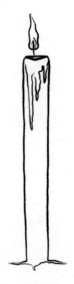

E pelo amor,

Didê Oxalá.

Pelo amor,

Didê Oxalá.

RENASCIMENTO

Tantas fizeram por mim
tantas fizeram por mim
tantos desfizeram de mim
e eu estou aqui.

                        Tantas fizeram por mim
                        tantas fizeram por mim
                        tantos desfizeram de mim
                        e eu estou aqui.

Das linhas das minhas entranhas
ancestralidade que emana
de longe foi buscar Ìyabá
minha Ìyá.

                    Das linhas das minhas entranhas
                    ancestralidade que emana
                    De longe foi buscar Ìyabá
                    Minha Ìyá.

"Maior que a terra, só as águas,
maior que as águas, só Deus.
Acima de Deus tem uma coroa
maior que Deus tô pra ver"

Tô pra ver!
Não vi, não vi
procurei, não achei
me perdi, perdoei e voltei.

Meu Orí, sá!
Meu ilê, amar
de portas abertas para minha mãe,
rainha do mar.

Humildade, me deitar
quem veio, quem vem,
respeitar!

Respeitar o tempo de gira,
girar
Ilê Axé Oxê Obá.

Sou das águas,
sou rasa, profunda,
correnteza que arrasta
para nunca mais voltar.

Sou prata, ouro, verde, azul
imensidão.
Água salgada de amores!

Guerreiro, da lida, do lar
encho o peito esvaziado
pesos, moradores
do meu universo mar.

IÊ MÔ JA ERUYÂ.
Cantos suaves e firmes:
Tô pra guerra!

Para sexta-feira
Ao lado do maior chêu,
Pâ pâ Ogunté,
Ao lado de Ogum
das profundezas a lutar.

Mãe que ama sem pestanejar,
sou coberta com os tesouros
e segredos a desvendar.

DIVINA CASA DAS ÁGUAS SALGADAS

Divina casa das águas salgadas
que lava a alma
peça licença, tome a benção
lugar de magia e muitas crenças.
A pedra da ponta, um ponto de areia.
Itapuã, onde se ouve o canto da sereia, ganhadeiras
se banhar no Abaeté, verá seu reflexo no abebé.
Lugar de amores e farturas
das tardes com Vinícius
e sua bela morena de pele escura.
Divina casa sagrada, das águas salgadas
que lava a alma.

FAMÍLIA

Muitas vezes pensei em fugir,
ali não me encontrava, não pertencia.

Hoje eu sorri, gargalhei,
Faço-me presente, quero bem.

      Afastei o que me afastava de mim.

Eu sou porque somos.
  Sou o que quero ser.

Pertenço, descendo, ancestrais,
pulsa vida na minha genética.

Estou, sou, serei

    VOCÊS!

DIAS SEM FIM

Eu tenho seu jeito em meus trejeitos!
Juventudes interrompidas
vidas não vividas.
Passaram tantos sentimentos por aqui:

ódio

amor

desprezo.

Quando te olho, me vejo
por isso sei que não és perfeito.
Fugi de tudo que me fizesse parecer com você
Me olho no espelho e te enxergo.

Como dias sem fim

quero aprender a plantar
junto contigo até o fim de nossas vidas,
pai.

NINHA NO PLURAL

Minhas mãos calejadas
trazem-me alegria,
por ver o orgulho e a esperança
estampados no rosto de quem,
com suas próprias mãos calejadas,
fez com que nós estivéssemos
vivas e orgulhosas!

NIYAN

O Òrun recebeu um anjo guerreiro,

no Àiyé,

nos deixou o amor verdadeiro.

Olaniyan Bomani
(20/07/2018 — 01/08/2018)

FRONTEIRAS

Saí da minha aldeia
atravessei fronteiras, barreiras
banhei-me em mares
os mais belos sóis dourados
tocaram minha pele Preta
sou grata ao meu Òrì-șà.

Em qualquer lugar que eu vá
represento minha quebrada
Arraial do Retiro
vários parceiros no crime
ou mortos por tiro
que pena!
Eu faço valer
assim que tem que ser.

Ouvir
respeitar
aprender.

Somos plurais
diáspora dos ancestrais

do Quilombo D'oiti
à Quebrada do Pina
da Vila Embratel
ao mercadinho do China.
De rolê na Brasilândia,
ou na Savassi com elegância
procuro sempre caminhar
devagar também é pressa.

Como Ìgbín, um dia eu chego lá
que diga Oxalá
Epá Babá!

Ainda tenho muito a conquistar,
um voo internacional, quem sabe?
Se pá!

Por ora, sou grata
Por ora, nós FYAH!

Mas nunca falha com a palavra.

FERA FERIDA

Eu

eu queria que um corpo negro me abraçasse forte

que pudesse escutar os meus anseios

que fosse um corpo companheiro

que enxergasse a beleza do verdadeiro amor Preto

mas...

o que eu recebo?

O desamor, agressão, maternidade solitária

eu só quero sentir o acalanto do amor.

Não sou pedra para ser tão dura

água bate até que inunda sentimento

em alguns instantes, abaixo a armadura

e, mais uma vez, o coração dilacerado

invadido, violado, desumanizado

meu corpo desejado

almejado como medalha.

Fera ferida pelo próprio espelho

fera feroz pelo medo

do falso amor Preto.

RETINTAS

A cor me define.
Me ama pela metade,
me amo por inteira.
Minha sexualidade é uma barreira
desumanizada de qualquer maneira.

Definida retinta, ressentimento das divas.
E Nina?
Cada tentativa de amar foi falha.
Aos vinte e tantos anos,
não experimentei esse sentimento
que tanto falam...

                        ...por um pequeno defeito:

                                  de cor.

ÉBANO

Sua pele
sua pele de ébano
onde me debruço
assim como você se debruça,
na minha pele
de ébano.

Deus negro, negro rei,
tu és uma entidade em mim.
Te sinto, enfim, com fins e propósito
que transbordam prazer.

— Olá, prazer em te conhecer!
Poder enxergar a beleza da sua pele,
sua pele é de ébano.

Deusas, rainhas, filhas das Ìyabás
majestosas, jeitosas por natureza
entre mar, rio, ventanias e realezas.

A minha pele,
a tua pele
de ébano.   A nossa pele de ébano.

FEITIÇO

Me lembro daquele dia,

fiz feitiço na mente esperando por você.

Queria tê-lo em mim,

você chegou com um sorriso de canto de boca.

Já tinha me preparado,

perfume de preta

adornos no ventre, sensualidade

se é que você me entende!

Queria uma explicação

por que você não apareceu na noite passada?

Sempre acabamos onde queríamos

mas dessa vez, foi diferente.

Vi clareza nos seus olhos,

como as águas das Ìyabás.

Você me tomou para si

foi real, sem plástico

foi amor sentido na pele.

O cheiro do nosso desejo demoraria a sair
de nossos corpos.

Você não precisou dizer uma palavra do que sentiu.

Pena que você partiu e nunca mais voltou.

Será você o covarde, com medo do amor?

FRENESI

Quero provar da dose doce do seu amor.
Quero ter o gosto em minha boca
como uma verdadeira degustadora.

Desejo sentir o cheiro de sexo no ar,
nossos corpos se comunicando a cada toque,
e vinho para o paladar melhorar.

Quero doses múltiplas de prazer,
de preferência, com você.
Anseio que sua boca
me leve ao êxtase do amor.

Espero que me decifre delicadamente,
para que cada verso meu
não saia de sua mente.

Doce,
doce é o gosto que quero sentir
quando eu te sentir, quando eu sentir prazer.

NEGRO

És belo,
tua beleza negra ofusca os meus olhos.

Você,
um ser de postura e atos tão singelos.

És anjo,
tua venustade é de verdade,
teu rosto possui uma simetria
que resulta em linda harmonia.

Negro como a noite,
perfeição como um dia ensolarado.
Cada verso é escrito para você.

A tua simplicidade traz um tom de sinceridade,
és belo como um gato preto!

Teu sorriso safado é o que conquista

Eu, mulher gato!

És belo negro,
tu és belo!

ÚLTIMA VEZ

Fotografei sua boca
besteiras faladas
risos e gargalhadas.
Seus riscos que te deixam com cara de Malcom
respiração ao pé do ouvido, sussurros, gemidos.

Essa é a última vez,
eu falei.
Voltei, repeti, regredi?
Não sei.

Meu coração pulsa, palpita
a metros de distância
quando vejo sua imagem distorcida.
Seu sorriso brilha!

Eu tenho medo
sempre encaro como um último olhar
último tocar.
Função perigo consta em seu currículo.
Meses sem notícias,
semanas sem falar,
fico sempre com a lembrança do seu último olhar.

Rezo, oro, clamo por Exú.
Seu caminho aberto, coberto por um mar azul
e não de sangue.

Recordei seu último risco,
sons de Tim Maia embalaram o nosso ritmo na cama.

Mas...

Você sempre erra, faz merda
e me deixa na lama.

Meu corpo clama, meu peito em chamas.
Irracional, vendaval!
Te quero a vida inteira.

Que nunca chegue a notícia do seu sepultamento,

mas por hoje, é o fim do nosso relacionamento.

Foi a última vez!
Eu prometi.

Menti.

XÃOIPA

Paixão,
é a vontade de foder gostoso com você
fazer cafuné depois do prazer.
Quando com seus olhos você despir meu corpo já nu.
É te deixar com tesão
e fazer ter tensão dentro de mim.
É ouvir você cantar ao pé do meu ouvido,
a música é o seu gemido.
Quando me machuca sem fazer sentir dor.
O desejo dos seus beijos molhados,
da saudade quando aperta.
O cheiro de seu corpo
que desperta meus desejos mais íntimos.
É estar íntima e pertencendo a mim.
Até quando você manda e eu obedeço.
Acaba sendo mais do que desejo,
Xãoipa é não chorar por você,
quando você me machucou e fez doer.
Sua distância, menos importância.
Me negar o prazer de estar com você.
Logo eu, jogadora cara, fiel nas jogadas.
Você, artilheiro nato.
Mas meu placar está sempre à frente.
Isso, isso você não entende.

Meu bem,
nossa transa
é um transe.

GOTA

Sendo
      Á
        G
          U
            A,

                me permito

                              fluir

          um mar

                              de um rio

                    há de percorrer

                              meu rosto.

SENSÍVEL

Quero alguém que toque minha alma
e me diga lindas palavras ao pé do ouvido
que penetre não só minha carne,
mas também o meu coração.

SEU TOQUE

Um simples toque,
um simples olhar,
um simples beijo
para que os nossos corpos fiquem em choque.
Você me leva ao êxtase do prazer,
sua língua trabalhando no ponto certo,
suas mãos sabem me tocar, acariciar.
Quando te agarro não quero mais soltar,
quero você somente para mim.
Eu quero te sentir!
Palavras suaves que só você sabe dizer.
A água cai em nossos corpos
como uma cachoeira de prazer,
cada momento com você é um querer.
Um querer incessante, de não conseguir matar a minha fome,
porém me lambuzo, uso e não jogo fora por nada.
Tantas sensações
é indescritível...

Meu bem,
cada momento com você é incrível.
Quero te possuir.
Se possível, para além do infinito.

LOVE IS A LOSING GAME

O amor é um jogo de azar no qual quis apostar.
O amor é um jogo de azar que tive
a probabilidade de acertar.
Jogo de azar é o amor
onde pus as cartas na mesa
e não tive medo de errar.
Eu apostei!
E ganhei!
Eu errei, pedi perdão, eu perdoei.
O amor é um jogo de azar no qual eu quis apostar.
Você é o meu verdadeiro jogo
e minha melhor aposta já feita.
Só você!

SEU SABOR

A primeira vez que te toquei
me toquei que gosto do ritmo das curvas
do gosto da vulva.

Nosso amor abençoado pelas águas,
no balanço da maré
fez meu corpo liberdade,
me senti sua mulher.

Em seus braços desaguei,
como rio me encontrei
um mar, uma imensidão
os sentimentos mais naturais já sentidos
me deram um sentido.

Meu sexto foi ativado, renovado
quando me encontrei em seus braços.
Visse?

ABELHA

Eu posso te escrever
mil poesias
mas nenhuma vai ser tão linda
quanto a que escrevemos
juntas na cama.

Você tem água no seu caminho
tão doce quanto mel
pode adoçar ou amargar
mas é no teu gosto
que eu me encontro.

TEMPO

Eu queria ter mais tempo
tempo para te beijar, flor.
te ver sorrir, abraçar, poder te dengar
sua pele macia refletindo a luz do sol,
o mar azul, a mata verde
você nos meus braços,
te faço beija-flor
mulher pássaro, tudo azul
nosso dia mais verão que outono na Bahia.

Eu terei tempo, dengo
de te beijar, admirar
seduzir e amar,
pois eu tenho o tempo ao meu favor
eu tenho Tempo
que zela por mim.

ESTAÇÕES

Verão, casa sempre cheia.
Outono, as folhas caem,
o tempo muda, o tempo fecha.
Sou eu e meu café requentado.

O inverno chega.
O coração gela.
Noites de temporal.
Chuvas desaguam em meu rosto.
Apenas eu e meu café requentado.

Não espero o verão para semear,
a semente não cultivada
ao longo do ano, não florescerá
na primavera esperada.

Terra Preta, sou fértil.
Nascem sonhos em meu ser,
na dança das estações,
aprendo a viver.

FYAH

Intensidade nos define,
a saudade aperta na sua chegada antes da partida.

Mandinga.

Jogo de dentro, jogo de fora...

                ...apaga as luzes, o quarto em chamas.

Me chama de Fyah.

Eu mesma,
nêga que se nega a ser menos intensa,
fala pouco pra comer muito
quando fala, eleva o nível do campo de mandinga.

Me diga,

por que fica tanto tempo   longe?

O corpo é como Angola,
é tudo aquilo que a boca come
e quando não come,
faz falta.

Essa energia
singular
às vezes me pergunto
se só você pode alcançar
                              certos pontos.

Quero duvidar
para não me acostumar
com essa chama que emana.

Me chama de Fyah.

Eu mesma,
nêga que se nega a ser menos intensa.

Intensidade nos define,
saudade aperta na chegada,
imagina na

                    part—ida.

PARTE III

Do ódio ao amor

A MORTE DE VT

O vento ainda era fresco e trazia um certo alívio. Naquele dia, VT subiu as escadas da casa de sua mãe, um refúgio onde costumava descansar depois dos plantões e paredões. A casa estava vazia, seus pais tinham saído para o centro da cidade, e ele estava sozinho com seus pensamentos atribulados. Com menos de 20 anos, ele já era um nome respeitado na favela, mais por medo do que por respeito, era o gerente da biqueira da CDD, um dos mais temidos.

Os três mil reais no bolso eram para uma moto nova, foi o dinheiro do lucro do paredão que ferveu no último final de semana. No arraial do Retiro, a violência crescia a cada dia, os menores entrando para o crime mais cedo, e o ar em Salvador, mais pesado a cada esquina, parecia avisar que, hoje, algo diferente aconteceria.

A favela estava febril desde 2015. Elismar, seu irmão mais velho, um dos onze que ele tinha, se meteu em uns corres duvidosos nesse mesmo ano e acabou sendo desovado no Horto, bairro do Conjunto ACM do Cabula.

O lugar era conhecido por ser uma desova de corpos, apesar de haver várias residências de famílias na região. Daquele dia em diante, parecia que VT, que tinha menos de 10 anos, decidiu o que queria da vida. Ele viu meninos da idade de seu irmão tombarem, como Pica-pau, Maluquinho, Vitinho, todos na mesma faixa etária de Elismar. O arraial produzia mais cadáveres que a guerra no Afeganistão ou na Faixa de Gaza. Por meses e meses, os moradores visitavam a Baixa de Quintas, nos enterros de jovens pretos.

Aquela quarta-feira, em particular, parecia diferente. Não havia o burburinho típico de fim de tarde, ou o som alto nas casas vizinhas. O vento era mais fresco do que de costume, como se o tempo estivesse esperando algo para acontecer. O olhar atento de VT, que o manteve vivo em tantas outras situações, dizia que a quebrada estava tranquila; o arrego fora pago no final de semana. Ele desceu as escadas da casa de sua mãe, olhou para os dois lados da rua antes de sair, e algo lhe disse que não deveria seguir. As ruas estavam vazias demais, o silêncio ensurdecedor. Mas ele não queria voltar.

À frente, um ponto cego o aguardava. Quando seus olhos se cruzaram com os de um homem, tudo aconteceu em um segundo. Tentou correr, mas já era tarde. O primeiro disparo veio pelas costas, e ele chamou o nome de sua mãe, "Dona Val!". Ele se rendeu, mas o homem de bota preta não teve piedade e disparou mais dois tiros à queima-roupa, atingindo VT na cabeça.

Do outro lado da rua, sua irmã mais velha ouviu os tiros e, sem hesitar, correu até o local. O pânico tomou conta de todos ao redor: a família, vizinhos, conhecidos... todos se aglomeraram ao redor do corpo de VT, que já não tinha mais dinheiro no bolso. A cena foi caótica. No meio do tumulto, as crianças, entre 4 e 10 anos, estavam ali, como se já estivessem acostumadas com aquele cenário. Para elas, era como assistir aos jornais de meio dia ao vivo e em cores.

Quando Dona Val chegou, o corpo de seu filho já estava frio, assim como sua esperança ao perder o terceiro filho. O corpo de VT estava no chão, e o lamento dela, que já havia se repetido muitas vezes ao longo dos anos, se tornara rotina. A quebrada estava acostumada a perder: perder a vida, perder o futuro. As crianças, com olhos grandes e assustados, estavam ali, vendo mais uma morte, mais um ciclo de violência se completar.

E quem pode garantir que não fabricamos mais um VT? Não era surpresa para Valnei Torres que seu fim estava próximo. A dor, para ele, era familiar, e, no fim, sabia que nada mudaria. Mais uma perda para a favela, que não conhece o fim do luto e da luta.

TICY

Era uma quarta-feira, a rua estava calma, o movimento da biqueira estava normal. Era um dia de baixa, de repor o que foi vendido no final de semana e fazer a prestação de contas da firma. Zé se encontrava no seu posto na Rua do Meio, fumando seu baseado com seus aliados. Ticy passou, deixando sua comida e refrigerante Pepsi como de costume:

— Vida, vou encostar na casa de Lorena para trançar meu cabelo viu? Solta essa merreca pra alinhar e ficar gostosa pra você.

Ela foi para a casa da amiga, que ficava pertinho da bica. Sua mãe estava na casa da sogra, que também era próxima da biqueira, e a viu passar pela rua antes de entregar a marmita para o marido. Três minutos depois, com a rua completamente em silêncio, como se algo ruim estivesse prestes a acontecer — pois nem os cachorros estavam latindo — vários disparos foram ouvidos. O desespero foi total. A mãe de Ticyane quis sair da casa da
sogra para ver se era sua filha, mas Dona Joana não per-

mitiu. Novamente, mais disparos ecoaram da biqueira. No Beco das Arraias, após muitos tiros, houve um cessar-fogo. O silêncio voltou de forma estarrecedora ao bairro, e foi confirmado que Zé Pequeno havia sido morto pelos próprios parceiros, com mais de 20 tiros no rosto. Por sorte, Ticy já estava na casa da amiga quando tudo aconteceu. Caso contrário, aquele dia teria traçado também o destino dela e de sua filha, disse Rosa Vermelha.

Meia noite na encruzilhada,
fiz feitiço para você
galo preto na encruza,
eu só chamava por você.

O Arraial era um gueto bom para se morar. Bem localizado, dava acesso a vários bairros centrais daquela região. Ali você poderia escolher para onde ir: Fazenda Grande do Retiro, Jaqueira do Carneiro, Estrada das Barreiras, Bom Juá, São Gonçalo e até na Mata Escura, por dentro do bairro. A quebrada era cheia de acessos, e você já caía na BR-324, uma das saídas da cidade. Havia o Arraial de Cima e o de Baixo, mas poucos conheciam o Arraial do Meio, como eu decidi chamar.

Era uma agonia da porra para chegar na minha rua agora que o famoso bar do Zoza fechou. Seu Zoza, como era conhecido, fez sucesso nos anos 2000. Era muita cerveja Skin e No Grau. Ele tinha um potente som que se escutava do outro lado da rua, tocando desde Saiddy Bamba até Lucky Dube. Em 2022, ficou doente e se mudou para o interior da Bahia, falecendo de diabetes. Nossa rua era uma das poucas de barro. Nas principais já passavam veículos, mas no Arraial do Meio havia pés de manga, goiaba, abacate e carambola no quintal enorme de Seu Zelito, que trabalhava na Limpurb. Minha rua era conhecida como a Rua da Arraia, e não havia outra que ganhasse da nossa no tempo de arraia — assim chamávamos quando meus tios cortavam muita gente com a linha de papagaio temperada com vidro de lâmpada fluorescente moído no pilão de ferro com cola líquida, que André vendia junto com as arraias. Eu ficava ali, catando as linhas e fazendo periquito (avião de papel) com folha de caderno. Sabia que era minha hora quando minha mãe, a Tinha, gritava: "Dandara, tá na hora, bora tomar banho!". Eu não queria ir para casa, mesmo depois de estar desde as dez da manhã até as seis da tarde na rua. Só podia sair de casa nas férias e, às vezes, nos finais de semana, depois de realizar as tarefas domésticas.

Foi nessa quebrada que Ticyane nasceu, a caçula de três irmãos que moravam no Arraial de Cima junto com mais nove pessoas em uma casa de quatro cômodos: dois quartos, sala, cozinha e banheiro. Era muita gente, a casa vivia cheia. Sua avó, que tinha mais de 15 netos e 10 filhos, sempre tinha a casa cheia.

Dos dez filhos de Dona Nequinha, ainda moravam com ela o pai de Ticyane com sua família e sua tia Vânia com suas duas filhas. Ticyane era uma menina com pai e mãe, algo raro na favela. Sua mãe já era conhecida na maternidade do Roberto Santos, considerada a melhor para dar à luz. Era um hospital relativamente novo, cheio de estudantes querendo aprender, parecendo urubus na carniça. Os baleados em confrontos, segundo os policiais, chegavam mortos. Havia até suspeitas de tráfico de órgãos de possíveis traficantes de drogas. Foi lá que Dona Elaine deu à luz seus quatro filhos: três homens e uma mulher. Ticy, como ficou conhecida, já estava dando dor de cabeça para a mãe, que acabara de descobrir que estava novamente grávida. Sua prima mais velha, de 15 anos, prestes a parir seu primeiro filho, tinha a pele clara e cabelo alisado de prancha.

A casa de Dona Nequinha sobrevivia em meio a dificuldades de alimentação e roupa. A diversão de Ticy, aos 12 anos, era flertar com o perigo. Sua mãe descobriu que estava grávida de um homem diferente do pai dos outros filhos. Ela vivia um relacionamento conturbado com Caboré, ele era mulherengo e violento, chegava pelas madrugadas aos finais de semanas, cheirado de farinha, procurando briga com a família, batendo em Dona Elaine e faltando com respeito com Dona Nequinha. Faltava de tudo para seus filhos.

Dona Elaine era nova, nem tinha 40 anos, quando arrumou um homem na rua disposto a assumir todos os seus filhos. Já dizia o ditado: "Quem quer a galinha, quer os pintos também". Elaine, que não é besta, tratou logo de engravidar de Marcelo, um homem preto, trabalhador, que apesar de gostar de beber aos finais de semana, não cheirava cocaína — uma febre nos anos 2000 que destruiu muitas famílias. Ela era uma mulher fértil de Iemanjá, Marcelo estava louco apaixonado por aquela mulher, o povo dizia que foi feitiço que ela fez. Marcelo, apaixonado, estava feliz com a chegada do filho. Quando descobriu a gravidez, tratou logo de sair da casa da ex-sogra.

O povo já comentava pelo bairro, chamando Caboré de corno. No Arraial, é assim: o povo sabe da sua vida antes de você. As fofoqueiras ficam de plantão nas portas de suas casas, vigiando quem entra e quem sai, quem está comendo o marido de fulana ou de cicrana. Basta perguntar para Dona Maria sobre a minha vida, que ela vai te responder. Ela me vê subir e descer todos os dias e sempre me abençoa.

Eles alugaram uma casa para morar e, como prometido, ela trouxe suas quatro crias junto. Fizeram o enxoval do menino, mas não fizeram pré-natal, apenas duas ultrassons para saber se a criança estava bem. Ela era parideira, já tinha tido 4 filhos, todos normais, deixou essa passar. Escolheram o nome do menino Isaac; no dia de parir, ela não estava sentindo nada, nenhuma contração ou dor. Começou a beber com sua atual sogra Joana no bar de Zoza. Nesse dia, começaram bem cedo, por volta das 11 horas da manhã de um sábado. Era conhaque com limão e mel a torto e a direito, era um pau na quente e outro na gelada. Eis que Elaine sente a dor de parir por volta das 8 horas da noite. Foi uma correria, seu então marido Marcelo estava trabalhando de plantão como segurança em supermercado; sua sogra, em águas, resolveu levá-la para parir no Roberto Santos, que era a maternidade mais próxima e de referência. Elaine também gostava do atendimento. Chegando na maternidade, após 4 horas de espera, à meia-noite, nasce o menino Isaac e, cinco minutos depois, nasce Isaías. A enfermeira saiu para avisar a avó, Dona Joana, que seus dois netos nasceram: dois meninos pretinhos, cheios de cabelo e olhos puxados. Dona Joana simplesmente desmaiou no meio do hospital, sendo socorrida pela equipe de enfermagem.

Assim nasceram Isaac e Isaías, os gêmeos não planejados da favela — contando assim, ninguém acredita, né? Muita fita essa família.

Talvez por isso Ticy tenha encontrado seu caminho: ela subia e descia as ladeiras do Arraial. Seu pai já foi bicho há um tempo atrás, tinha respeito na quebrada, e ela adorava os envolvidos atuais. A bica ficava em frente à sua nova casa. Ticy, como era conhecida, já gostava de um flerte com os meninos bons; levava água e comida para matar a fome dos que ficavam de plantão. Foi nessas fortalecidas que ela se envolveu com o mais perigoso da biqueira; o nome dele já dizia tudo: Zé Pequeno. Ele era um neguinho, baixo, magricela, andava sempre de pistola na cintura à mostra para todos verem; tinha um dedo nervoso, homicida. Nessa época, o Arraial já não era mais o mesmo, a Rua do Meio já não era mais de barro, e não se podia pegar frutas no quintal de Seu Zelito. O crime estava chegando forte; as grades e os muros altos agora eram a nova paisagem da favela. Facções se espalhavam, e o crime já não era dos cria. Uma guerra de alta intensidade, em que pretos morriam todos os dias, caindo feito baratas no chão, as ruas tinham cheiro de sangue fresco.

Ticy era pra frente; se apaixonou pelo seu príncipe do gueto e fugiu para morar com Zé em um barraco ali mesmo no Arraial. Sua mãe foi em seu resgate, convencendo a filha rebelde a voltar para casa. Já prenha de um mês, ela voltou, mas não largou de seu amor bandido, o amor de sua vida. Agora, gerava o fruto amargo dessa paixão. Sua mãe Elaine deu vários Cytotec e garrafadas para a filha perder aquela criança. Como alimentar mais uma boca? Arrumou um homem bom que assumiu os filhos de outro, e agora sua filha faz isso? Ela não queria que sua filha seguisse o rumo de parideira; gostaria de um futuro diferente para ela. Mas Ticy gostava de desafios. Contou tudo para Zé Pequeno sobre sua mãe tentar abortar seu filho, e como ele não respeitava ninguém, foi tirar satisfação com Dona Elaine:

— É o que, sua puta? Você quer tirar a vida do meu filho, é? Não tente outra vez não, senão eu tiro a sua.

Zé estava cheirado até o osso. Ameaçou toda a família de Dona Elaine, que recorreu ao pai de Ticyane.

— Eu não vou me envolver em nada, já que ela procurou, que assuma as consequências.

Ticy saiu novamente para morar com seu amor; era

coronhada dia e noite, noite e dia, e havia invasões dos homens à procura do homicida, que fazia nome nas áreas, e cuja fama só aumentava. Com 5 meses de gestação, ela voltou para a casa de sua mãe, que trabalhou esses meses em cima de ebós[1] pesados para ter sua filha de volta. Ela trabalhava com uma pombagira chamada Rosa Vermelha, que prometeu resolver essa situação.

Tudo caminhava sob uma tensão tremenda; toda a família vivia com medo do que poderia acontecer. Zé Pequeno ficou sabendo que estavam fazendo ebós contra ele. Zé Pequeno teve a audácia de ameaçar de morte Dona Ivone, a Ìyá Moro do terreiro de Xangô, mulher que recebia essa pombagira forte, Rosa Vermelha, dizendo que seus ebós e feitiços não atravessariam seu corpo, pois ele tinha fechado com outro diabo.

Mas o que ele não sabia era que Rosa Vermelha não era nenhum "diabo". Ela era uma pombagira, a pombagira com os olhos da noite e do dia. Ao ousar desafiar uma mulher de Xangô, ele selou seu destino; seus olhos de fogo, tão poderosos, logo se fechariam. Para ele, se fechariam para sempre.

....
1   Ebó é uma prática ancestral de gente preta, passada por gerações desde o sequestro transatlântico de africanos. Um acaçá no corpo, uma vela e três ovos já resolvem muitas coisas na vida de uma pessoa, capazes de abrir ou fechar caminhos.

AXUM

Ele chegou, meio faceiro, lhe disse palavras e, através da sua língua singular, foi enfeitiçando aos poucos. Em alguns dias, falava; em outros, não... E ela, na abstinência daquela voz rouca que parecia música para seus ouvidos. Seu sorriso faceiro lhe deixava cada vez mais enfeitiçada, seu corpo negro brilhava sob a meia luz da casa enquanto fodiam com tesão. Ele ia embora, voltava às vezes, e sempre a deixava pensando nos sons que eles escutavam sem vergonha de demonstrar o seu lado faceiro, ouvindo Marvin Gaye ou um delicioso R&B. Estes estilos a faziam lembrar de suas danças na cama; da pele macia que ele tinha e do cheiro que levava fantasias. A sua boca era grossa, carnuda, grande, e ele sempre pedia um beijo. Jamal era o nome do seu desejo.

Axum também tinha seus encantos. Ela era uma mulher de pele retinta e estava sempre perfumada com alfazema, como uma verdadeira filha das águas. Axum era do gueto, uma piveta correria. Intelectual e da quebrada, como costumava se chamar. Era uma bicha do mato, uma gata escaldada, uma preta cismada, e se deixava levar até onde poderia sustentar aquele sentimento sem se machucar.

Em uma tarde ensolarada de terça-feira, Jamal pediu para vê-la e, como Axum não queria dizer NÃO para aquele homem preto, deixou que ele viesse. Quando Jamal chegava, ela não sabia como reagir. Queria abraçar, beijar, sentir a sua respiração profunda no seu pé de ouvido, uma respiração que transpassava o seu corpo inteiro. E desta vez foi voraz! Ficaram quatro dias trancados em casa, vivendo um looping viciante entre amores, conversas e piadas; e cada vez mais ela se encantava. Falavam de tudo! Filmes, séries, músicas, livros. Ela adorava amá-lo enquanto ouvia as suas músicas.

Axum estava se deixando levar pela paixão. O contato dos corpos e um copo de vinho eram o que a acompanhava nessas noites. Eles viravam as madrugadas e viam o sol nascer às 5 horas da manhã. Se amavam e tramavam vários planos para "vencer". Às vezes, ele era como um lírio na vida de Axum, mas costumava ir e voltar. E, nesses momentos, ela continuava tocando a sua vida. Queria tê-lo, mas quem cobra sentimento não tem merecimento.

Mais uma vez, ele veio e, como sempre, foi pedindo pra ficar. Jamal era um homem preto reluzente, alto, forte, tinha talento com a música e, como todo músico, era descarado e mulherengo (como ele mesmo disse!). Nasceu em uma família preta, intelectual. Cresceu em um bairro de classe média em Salvador, cheio de tradição, Itapuã. Suas raízes, porém, eram de Pernambués, de onde sua família saiu. Axum era correria, acabara de se formar em fisioterapia, estava no corre de ter um barraco, vivendo vários anos de aluguel, queria sair daquela situação. Ela procurava um homem que lhe acompanhasse nesse corre e não ficasse viajando, fumando a massa o dia todo. Ela era uma mulher plantada, visão de construir um castelo real e não de viver sonhos ilusórios. Mas quando se batia com Jamal, era assim: eles não queriam o fim daquele final de semana! Cozinhavam, se deitavam para chegar ao céu e o seu gozo era doce como mel. Ela gostava quando ele pedia para lhe chupar e quando ele dizia que adorava te fazer gozar. Entre suas pernas, podia sentir sua língua no fundo de seu desejo, ela não queria um fim!

Uma foda com carinho, sua boca enchia d'água e, quando ela pensava em chupar seu homem, beijar seu corpo inteiro, se lambuzar no seu desejo, adorava ouvir ele pedir: "Fica de quatro, Preta!" — e ela prontamente atendia —, segurar seus pequenos seios negros e beijar seu corpo inteiro.

"Ai, Preto, você sempre me deixa com desejo do seu corpo negro!". Para ela, era assim: quando chegava a hora dele partir, sentia uma saudade sem fim, se arrumava lentamente sem querer partir do seu aconchego. Quando eles saíam de casa, a vizinhança conspirava. Então, Seu Leandro pergunta: "Seu namorado?" O constrangimento foi causado, e ela não conseguiu responder; em sua mente era "só basta ele querer", mas o medo da rejeição era maior do que o contorno da situação. Eles se olharam e seguiram rindo daquele momento.

Ela era uma bicha do mato, gata escaldada, uma preta cismada, e se deixava levar até onde poderia sustentar um sentimento sem se ferir. Ele partiu na segunda-feira para uma viagem sem previsão de volta e o sentimento ali, latente. Ela ainda podia sentir o cheiro daquele sexo em sua pele, o sabor do gozo, dos abraços compartilhados, das gargalhadas e piadas. Ela adorava vê-lo sorrir, um sorriso safado, seu beijo molhado enquanto eles fodiam com carinho, seus corpos entrelaçados feito caracóis, e seu beijo molhado que excitava aquele sexo com afeto. Mas era bom lembrar que Axum era uma bicha do mato, uma gata escaldada, e uma preta cismada que já viveu cenas parecidas desse filme; por isso, teve que aprender a amar sem se apegar.

Quem dera fosse tão simples assim! Jamal foi embora, e dessa vez tão cedo não volta. Axum também não era flor que se cheirasse pouco; arrumou logo outro homem preto. Como de costume, ela adorava amá-los, compartilhar seu afeto com seu igual. Ela não gostava de homens brancos; queria manter o valor da sua raça, que vinha se perdendo com a miscigenação, deixando o tom de sua pele retinta em minoria.

Ela tentou se encantar, tentou transar com gosto, até tentou se apaixonar, mas não conseguia, pois o homem que arrumara era atribulado, todo atrasado espiritualmente, tinha suas obrigações atrasadas, era ogã confirmado pra Ogum. Danilo tinha pra lá de 7 anos de Santo e 5 anos que tinha deixado sua casa de candomblé. Não era isso que ela tinha aprendido, era uma Iaô de exemplo, prestes a completar 5 anos de santo, tinha suas obrigações pagas, frequentava sua casa sempre que tinha função. Danilo e Axum mais brigavam do que se curtiam! Sua ancestralidade mostrava a todo momento que era preciso que ela se afastasse dele.

Ele sempre tinha outros casos na rua e cobrava postura de Axum. Ela estava desanimada, triste com a relação, acabava de brigar novamente. Ela sempre se pegava pensando e fazendo comparações de sua relação com Jamal. Aquele homem não saía de sua mente, pensou até em fazer um ebó pra ele, mas não gostava. Falava com sua mãe de santo, Detinha de Oyá, que quem fazia ebó pra homem era maluca. E ela estava louca; arriou o malassado para sua Pombagira, pedindo que trouxesse ele de volta, Rosa Caveira há de responder.

Nem Júnior e nem Jamal retomavam suas mensagens ou ligações. Ela jogava palavras ao vento, se perguntando: "Padilha, eu fiz o ebó certo?", pois passaram meses e nenhum deles voltou. Axum não era mulher de correr atrás e sim na frente, não acreditava que precisava de um homem para ser feliz na vida, mas era feita de água e terra, se mostrava dura por fora, mas por dentro sangrava calada, e aquilo, mais uma vez, causou uma fissura em seu peito, e a fez desacreditar dos sentimentos.

O tempo foi passando e ela não conseguia deixar de pensar naquele homem. Ela tinha seu número salvo no celular, sempre revisitando suas conversas no aplicativo de mensagens. Ela abria a conversa para falar, digitava e apagava, até que um dia ela criou coragem de falar: "Sinto falta do nosso sexo!" Na mesma hora, ele respondeu dizendo que estava em Salvador. Desse momento em diante, conversaram a noite toda, falaram putaria, seus desejos mais profundos, queriam estar naquela mesma noite, mas já era tarde, passava das 11 horas e, como todo jovem negro, não se podia ficar boiando na pista a qualquer hora, né?! Marcaram de se encontrar no dia seguinte.

No outro dia, ela seguiu sua rotina. Morava sozinha, tinha seus afazeres e seu trabalho home office. Às oito da noite, ela já estava preparada pra recebê-lo, como de costume: estava cheirosa e usava uma calcinha enfiada em sua bunda grande, uma calcinha com detalhes de renda, vermelha ou amarela, era a sua preferência. Os homens ficavam especulando quando ela passava na rua onde morava. Eles mexiam, e ela nem ligava. A sua cabeça estava sempre erguida, como se usasse uma coroa, pois sabia que era uma rainha. Sua cintura era fina; ela cuidava do corpo e da mente. Fazia aulas de boxe na quebradaonde nasceu, Sussuarana Velha.

Os mais velhos viam Axum desde pequena querendo "vencer" na vida. Ela já tinha feito de tudo um pouco: trabalhou em redes de supermercados, foi ambulante no carnaval e nas festas de lavagem que rolavam pela cidade quente que é Salvador. Axum gostava de comer água, já tinha fumado uns baseados, mas gostava mesmo era de comer água. Olodum era o seu grande amor, e ela não conseguia perder um Femadum nas ladeiras íngremes do Pelô. Axum não curtia cocaína e, apesar de nunca ter cheirado, sabia que aquilo tinha destruído famílias, inclusive a sua. "Fica longe!" era o que sua mãe, Andreia, sempre pedia.

Ela estava com muitas saudades e vontades de amar. Jamal também gostava de estar com Axum. Ela era cuidadosa, cozinhava para ele, fazia cafuné depois do gozo. Era sedutora, deixava-o louquinho, fazia promessas de dar seu precioso Edí, e assim desmontava aquele homem preto forte. Depois de uns baseados, riam e falavam sobre seus sonhos mais profundos.

Jamal queria ser livre, e liberdade para os pretos tinha uma conotação perigosa, como ela dizia. Mas ele voltou, decidido a lhe dar um chá de pica — muitos pensam que só existe o chá de buceta, mas existem tantos outros chás nessa vida... Ele chupava sua buceta com carinho, se lambuzava todo, chupava ela com gosto.

Que gostoso era aquele homem! Deixava-a sem fôlego, sem ar, e sempre com muita vontade, porque Jamal era viciante. Sempre a largava com muita vontade de viver aquele looping eterno. Ela não conseguia parar de foder gostoso com o homem da pele de chocolate, meio amargo, que derretia em sua boca. Quando o chupava, lambia ou mordia seu corpo inteiro na frente do espelho. De quatro, ele a deixava safada, fazia dela sua puta, sua mulher. Axum tinha loucas epifanias de amor por ele, pois ele a agarrava de mão cheia e preenchia todo espaço vazio em seu coração por segundos. Dava tapas em seu rabo, fazia ela ficar tão linda de quatro, apertava sua cintura e penetrava com seu pau preto grande e grosso, cada vez mais profundo, enquanto ela apertava a rola dele com sua buceta, deixando seu homem louco, fazendo-o falar putarias em seus ouvidos, comendo sua xota molhadinha, que mais parecia uma cachoeira. Seu pau ficava cada vez mais duro lá dentro, e ela mexia, sentava, trepava por toda casa, gozando várias vezes na pica de seu preferido.

Quando ele pedia: "Goza pra mim, Preta, goza!" Ela adorava gozar em sua boca quente; ele sempre chupava no ponto certo. Vagabundo! Como ele mesmo dizia. Era sagaz na cama, era voraz, machucava gostoso, e ela queria mais, sempre mais. Axum estava tão apaixonada por ele que até um cego poderia ver. Ela se deitava em seu peito, e ficavam se acariciando por horas em silêncio depois de gozarem juntos várias vezes.

Axum, em um desses momentos, lembrou-se do ebó que fez e da resposta de Rosa Caveira que nunca teve ou que não quis ter.

"Dói, dói, dói, dói, dói
um amor faz sofrer
dois amor faz chorar."

A AUTORA

Negafyah

ON FYAH

Nascida e criada em Salvador, Bahia, NegaFyah é uma multiartista que se destaca em várias áreas, como poeta, performer, mestre de cerimônias, produtora cultural, apresentadora, curadora, diretora criativa, atriz, enfermeira, empreendedora e criadora da marca FyaBurn. Além disso, é idealizadora e produtora do Slam das Minas - BA e apresentadora e produtora do Enu Podcast.

Sua formação artística inclui um Laboratório de Poesia na Escola Criativa Boca de Brasa para aprofundamento das poéticas e suas diversidades. NegaFyah também possui diversos certificados de oficinas na área das artes cênicas, incluindo oficina com o Bando de Teatro Olodum, residência artística com a Companhia de Dança Corpórea, oficinas de performance no Teatro Vila Velha e residência de dança com a Universidade da Flórida. Integra ainda a Cia de Teatro Encruzilhada.

Em 2024, NegaFyah estreou o espetáculo *Fyah do Ódio ao Amor*, um trabalho poético-teatral que reflete sobre sua trajetória de mais de 28 anos de vivências artísticas e experiências de amor e ódio. A proposta do espetáculo é romper com as estratégias racistas que negam o ódio e, ao mesmo tempo, conceber o amor como um sentimento legítimo para o povo preto.

Em 2023, NegaFyah lançou seu primeiro EP poético-musical, *Última Paixão*, em parceria com o selo musical Som Por Elas. O trabalho foi lançado nas plataformas digitais com faixas de áudio e videoclipes, nos quais exerceu o papel de compositora, intérprete, atriz, poeta e diretora criativa. Neste mesmo ano, assumiu o Enu Podcast, um projeto do Slam das Minas - BA, onde atua como produtora, diretora criativa, curadora e apresentadora. NegaFyah também foi a protagonista na releitura da personagem Maria Felipa em um comercial do governo da Bahia e apresentou uma amostra de teatro para o Bando de Teatro Olodum.

Em 2022, assumiu como diretora de produção do Slam das Minas - Bahia, onde organizou 5 edições do evento de comemoração de aniversário e lançou o selo literário SDM - BAHIA. A primeira publicação do selo foi a antologia poética *Ancestralitura - Poemas Com Mel e Dendê*, na qual NegaFyah atuou como produtora, curadora e escritora.

Em 2018, realizou sua primeira turnê nacional, chamada DIÁSPORA, que durou 15 dias e passou pelos estados de São Paulo e Minas Gerais. A turnê foi composta por um espetáculo poético-teatral, com poesias e músicas que abordavam questões como o racismo, o machismo, o genocídio e o feminicídio, além de celebrar a resistência, a autonomia e a luta contra a opressão das mulheres negras.

NegaFyah é presença constante em festas literárias e eventos culturais no Brasil, como a FLIPF (Festa Literária Internacional da Praia do Forte - BA), FLIP (Festa Literária Internacional de Paraty), FLIPELÔ (Festa Literária Internacional do Pelourinho - BA), FLIGÊ (Feira Literária de Mucugê - BA), FLUP (Festa Literária das Periferias - RJ), Flica (Feira Literária Internacional de Cachoeira), FLISAJ (Feira Literária Internacional de Santo Antônio de Jesus - BA), LiteraTur (Circuito Literário da Bahia), FLIN (Festival Literário Internacional da Bahia), Flipeba (Festa Literária de Boipeba), Flilençóis (Festa Literária de Lençóis - BA), entre outras.

De forma independente, NegaFyah publicou o zine *NegaFyah Insubmissa* (2018). Além disso, foi convidada a participar de várias publicações, como a coletânea bilíngue *A Língua Quando Poema* (2022), a antologia *Querem Nos Calar: Poemas Para Serem Lidos Em Voz Alta* (2019), a coleção *SLAM — Antifa* (2019), a *Revista Organismo* (2019) e o livro *Poéticas Periféricas: Novas Vozes da Poesia Soteropolitana* (2018).